Impressum
Verlag: BABADADA GmbH, Nedderfeld 112 , 22529 Hamburg
Geschäftsführer / Verlagsleitung: Harald Hof
Druck: Books on Demand GmbH, In de Tarpen 42, 22848 Norderstedt

Imprint
Publisher: BABADADA GmbH, Nedderfeld 112 , 22529 Hamburg, Germany
Managing Director / Publishing direction: Harald Hof
Print: Books on Demand GmbH, In de Tarpen 42, 22848 Norderstedt, Germany

škola

escuela

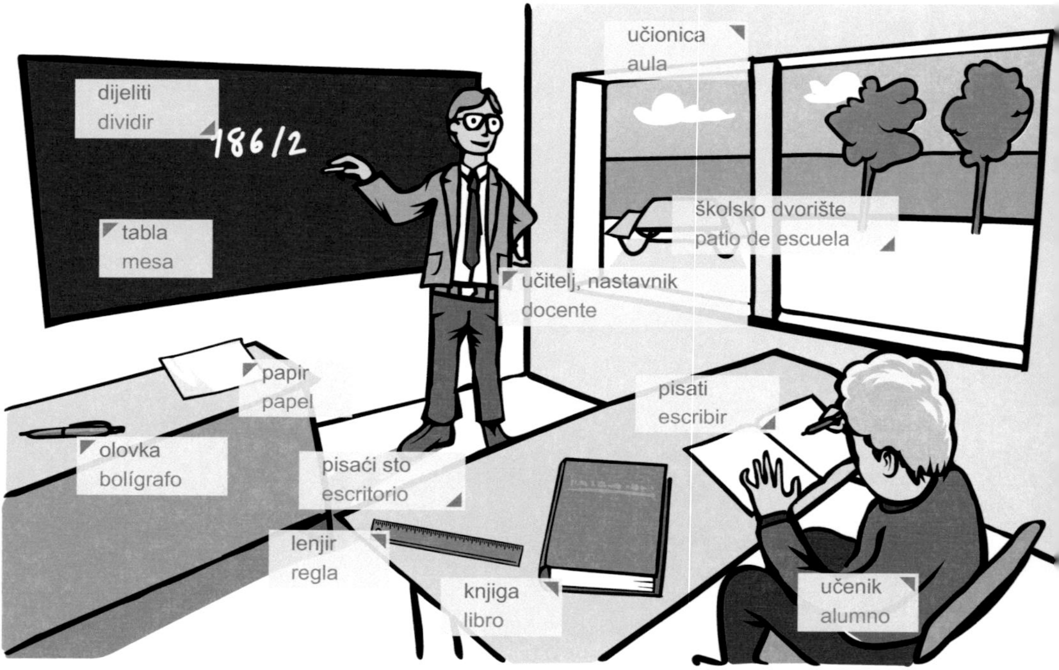

učionica
aula
dijeliti
dividir
186/2
tabla
mesa
školsko dvorište
patio de escuela
učitelj, nastavnik
docente
papir
papel
pisati
escribir
olovka
bolígrafo
pisaći sto
escritorio
lenjir
regla
knjiga
libro
učenik
alumno

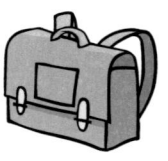

torba

mochila escolar

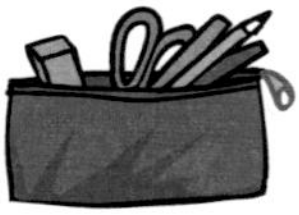

pernica

caja de lápices

drvena olovka

lápiz

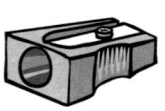

šiljalo za olovke

sacapuntas

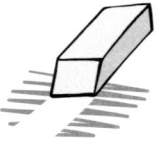

gumica

goma de borrar

blok za crtanje

bloc de dibujo

crtež
dibujo

kist
pincel

kutija s bojama
caja de pinturas

makaze
tijera

ljepilo
pegamento

vježbanka
libro de ejercicios

domaća zadaća
tarea

broj
número

sabirati
sumar

oduzimati
restar

množiti
multiplicar

računati
calcular

slovo
letra

abeceda
alfabeto

hello

riječ
palabra

tekst

texto

čitati

leer

kreda

tiza

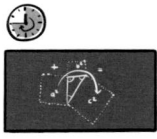

sat

lección

školski dnevnik

libro de clase

ispit

examen

svjedočanstvo

certificado

školska uniforma

uniforme escolar

izobrazba

educación

leksikon

enciclopedia

univerzitet

universidad

mikroskop

microscopio

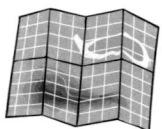

karta

mapa

korpa za papir

cesto de papeles

hotel
hotel

hostel
albergue

ROOMS

mjenjačnica
casa de cambio

EXCHANGE

kofer
maleta

auto
auto

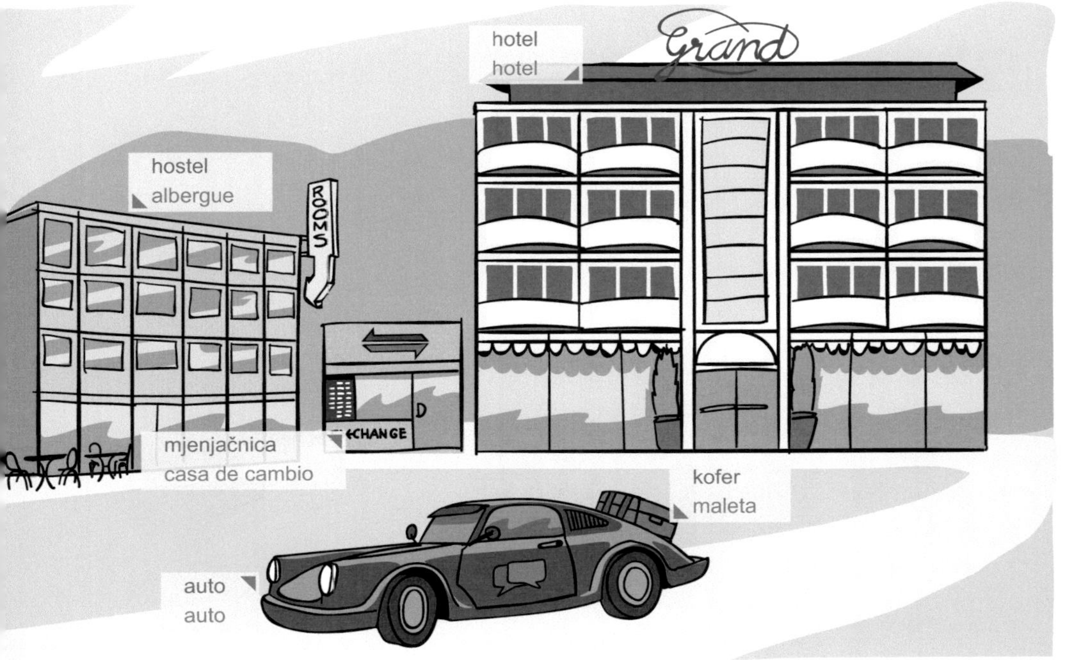

jezik

idioma

da / ne

sí / no

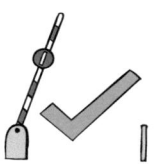

okej

ok

zdravo

hola

tumač

intérprete

hvala

gracias

Koliko košta...?

¿Cuánto cuesta…?

Ne razumijem

No entiendo

problem

problema

dobro veče!

¡Buenas tardes!

Dobro jutro!

¡Buenos días!

Laku noć!

¡Buenas noches!

doviđenja

adiós

smjer

dirección

prtljag

equipaje

torba

bolso

ruksak

mochila

gost

invitado

soba

cuarto

vreća za spavanje

saco de dormir

šator

tienda de campaña

turističke informacije

información al turista

plaža

playa

kreditna kartica

tarjeta de crédito

doručak

desayuno

ručak

almuerzo

večera

cena

putna karta

pasaje

lift

ascensor

poštanska markica

sello

granica

límite

carina

aduana

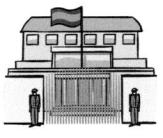

ambasada

embajada

viza

visa

pasoš

pasaporte

transport
transporte

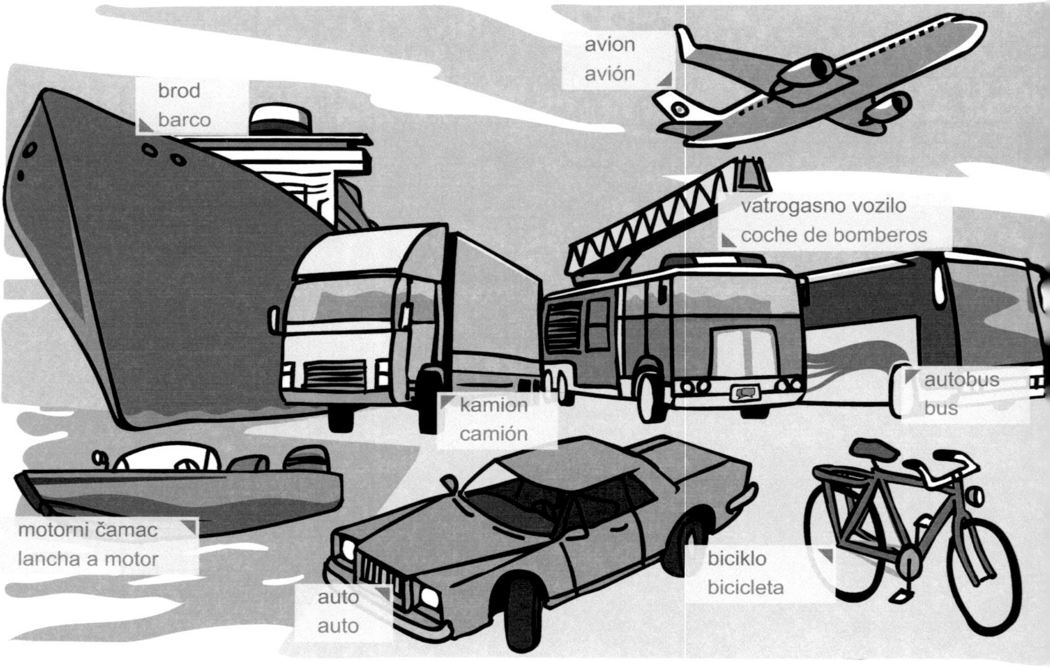
avion
avión
brod
barco
vatrogasno vozilo
coche de bomberos
autobus
bus
kamion
camión
motorni čamac
lancha a motor
biciklo
bicicleta
auto
auto

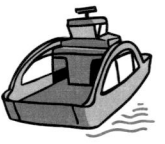

trajekt

balsa

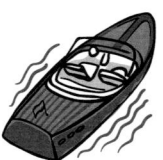

brod

lancha

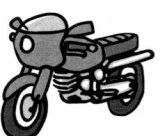

motocikl

motocicleta

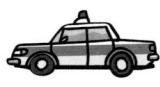

policijski automobil

auto de policía

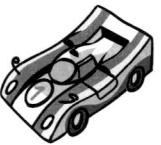

trkaći automobil

auto de carreras

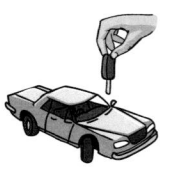

unajmljeni automobil

auto de alquiler

kar-šering

alquiler de autos

pauk

grúa

smećarsko vozilo

vehículo recolector de basura

motor

motor

gorivo

gasolina

benzinska pumpa

gasolinera

saobraćajni znak

señal de tráfico

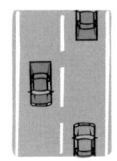

saobraćaj

tránsito

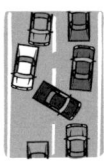

zastoj

atasco

parking

estacionamiento

željeznička stanica

estación de tren

šine

carril

voz

tren

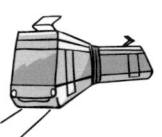

tramvaj

tranvía

vagon

vagón

helikopter

helicóptero

aerodrom

aeropuerto

toranj

torre

putnik

pasajero

kontejner

contenedor

karton

caja de cartón

tačke

carro

korpa

cesta

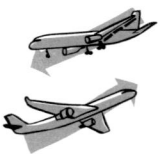

poletjeti / sletjeti

despegar / aterrizar

grad
ciudad

selo

aldea

centar grada

centro de la ciudad

kuća

casa

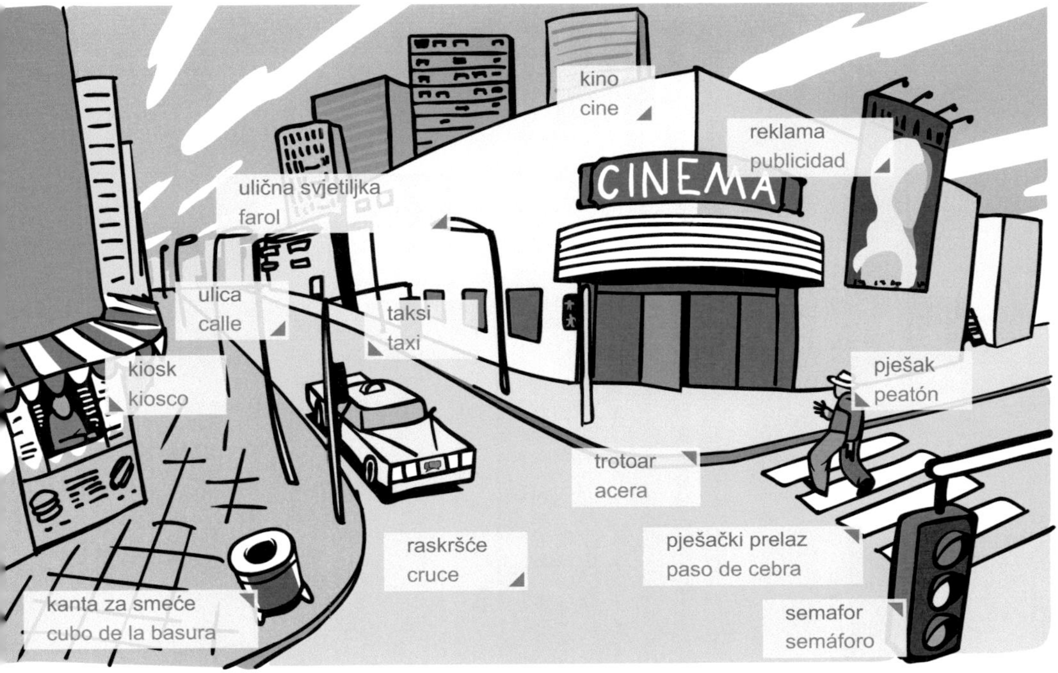

kino
cine
reklama
publicidad
CINEMA
ulična svjetiljka
farol
ulica
calle
taksi
taxi
kiosk
kiosco
pješak
peatón
trotoar
acera
raskršće
cruce
pješački prelaz
paso de cebra
kanta za smeće
cubo de la basura
semafor
semáforo

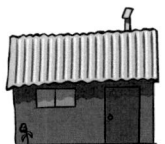

koliba

cabaña

stan

apartamento

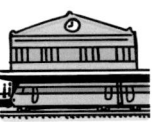

željeznička stanica

estación de tren

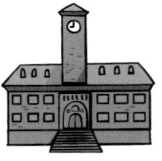

vjećnica

ayuntamiento

MUSEUM

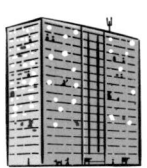

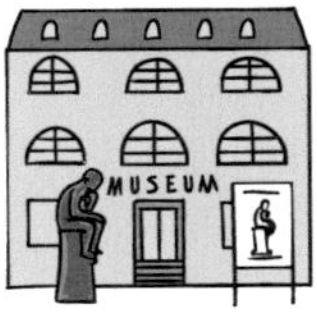

muzej

museo

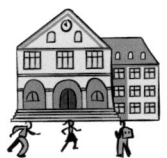

škola

escuela

univerzitet

universidad

banka

banco

bolnica

hospital

hotel

hotel

apoteka

farmacia

ured

oficina

knjižara

librería

radnja

negocio

cvjećara

florería

supermarket

supermercado

pijaca

mercado

robna kuća

grandes almacenes

prodavač ribe

pescadería

trgovački centar

centro comercial

luka

puerto

park

parque

klupa

banco

most

puente

stepenice

escalera

podzemna željeznica

metro

tunel

túnel

autobuska stanica

parada de autobuses

bar

bar

restoran

restaurante

poštanski sandučić

buzón de correo

saobraćajni znak

letrero

sat za naplatu parkinga

parquímetro

zoološki vrt

zoológico

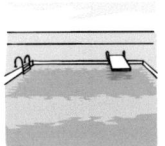

bazen

piscina

džamija

mezquita

seosko imanje

granja

zagađenje okoline

polución

groblje

cementerio

crkva

iglesia

igralište

parque infantil

hram

templo

krajolik
paisaje

list
hoja

putokaz
indicador de camino

putokaz
sendero

livada
pradera

kamen
piedra

drvo
árbol

putnik
caminante

rijeka
río

trava
pasto

cvijet
flor

dolina
valle

brdo
montaña

jezero
lago

šuma
bosque

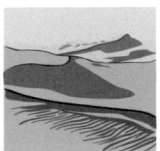

pustinja
desierto

vulkan
volcán

dvorac
castillo

duga
arco iris

gljiva
seta

palma
palmera

komarac
mosquito

muha
mosca

mrav
hormiga

pčela
abeja

pauk
araña

buba

escarabajo

žaba

rana

vjeverica

ardilla

jež

erizo

zec

liebre

sova

lechuza

ptica

pájaro

labud

cisne

divlja svinja

jabalí

jelen

ciervo

los

alce

brana

embalse

vjetrenjača

aerogenerador

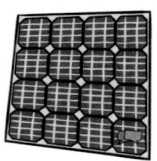

solarni modul

módulo solar

klima

clima

restoran

restaurante

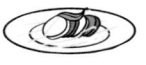

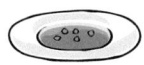

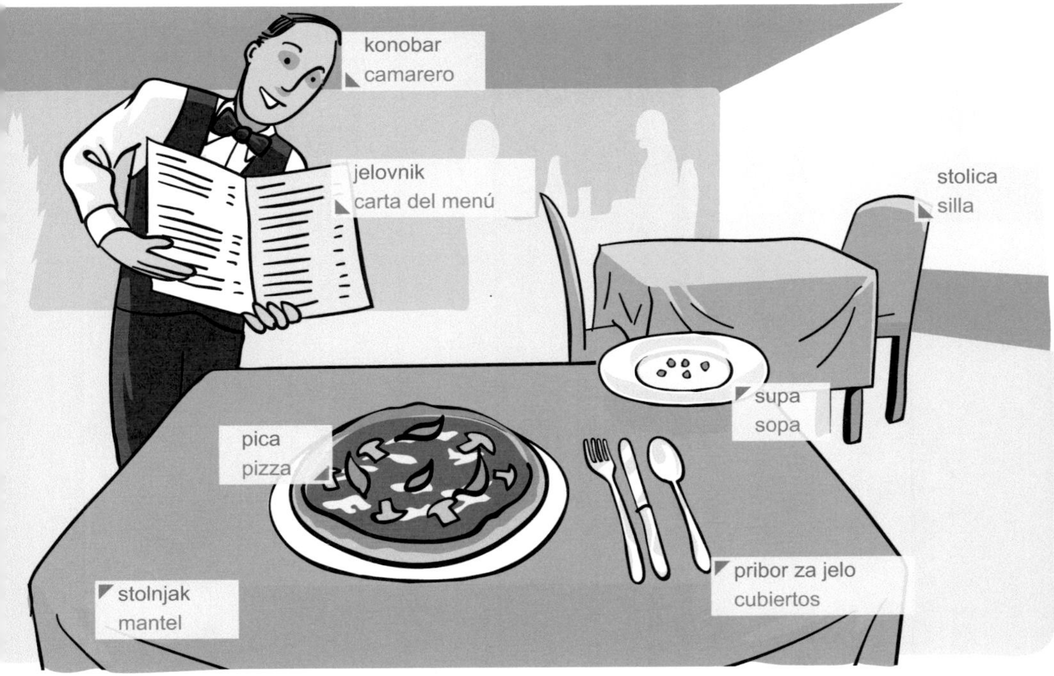

konobar
camarero
jelovnik
carta del menú
stolica
silla
supa
sopa
pica
pizza
pribor za jelo
cubiertos
stolnjak
mantel

predjelo

entrada

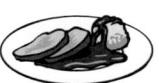

glavno jelo

plato principal

desert

postre

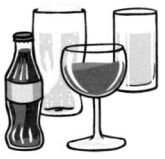

piće

bebida

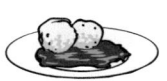

jelo

comida

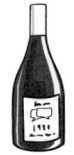

flaša

botella

brza hrana

comida rápida

jelo sa ulice

comida callejera

čajnik

tetera

šećernica

azucarera

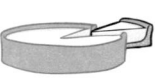

porcija

porción

mašina za espreso

máquina de espresso

barska stolica

silla alta

račun

factura

tacna

bandeja

nož

cuchillo

viljuška

tenedor

kašika

cuchara

kašičica

cuchara de té

salveta

servilleta

čaša

vaso

restoran - restaurante

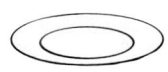

tanjir

plato

tanjir za supu

plato de sopa

tanjurić

platillo

sos

salsa

solanik

salero

mlin za biber

molinillo para pimienta

sirće

vinagre

ulje

aceite

začini

especias

kečap

ketchup

senf

mostaza

majoneza

mayonesa

supermarket
supermercado

ponuda
oferta
FOR
klijent
cliente
mliječni proizvodi
productos lácteos
voće
fruta
kolica za kupovinu
carrito de compras

BUTCHERS

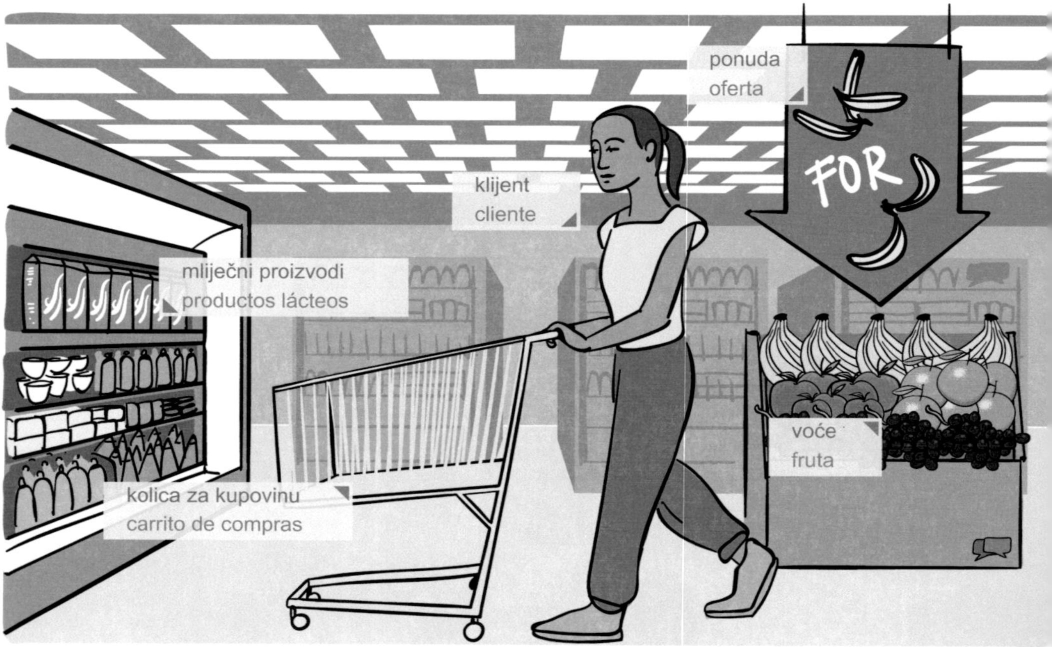

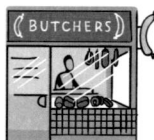

mesnica- klaonica

carnicería

BAKERY

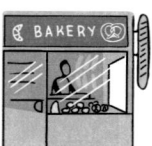

pekara

panadería

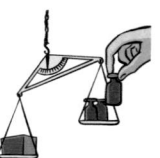

vagati

pesar

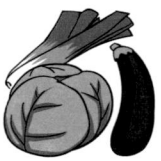

povrće

verdura

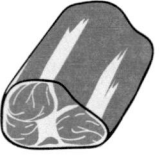

meso

carne

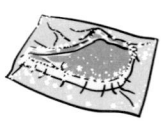

zaleđena hrana

alimentos congelados

narezak

fiambre

konzerve

conservas

prašak za veš

detergente en polvo

slatkiši

dulces

kućanski proizvodi

artículos domésticos

sredstvo za čišćenje

productos de limpieza

prodavačica

vendedora

kasa

caja

blagajnik

cajero

lista za kupovinu

lista de compras

radno vrijeme

horario de atención

novčanik

cartera

kreditna kartica

tarjeta de crédito

torba

maleta

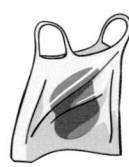

najlonska vrećica

bolsa plástica

voda

agua

sok

jugo

mlijeko

leche

kola

refresco de cola

vino

vino

pivo

cerveza

alkohol

alcohol

kakao

cacao

čaj

té

kafa

café

espreso

espresso

kapućino

cappuccino

banana

banana

jabuka

manzana

narandža

naranja

lubenica

sandía

limun

limón

mrkva

zanahoria

bijeli luk

ajo

bambus

bambú

crveni luk

cebolla

gljiva

seta

orašasti plodovi

nueces

pasta

fideos

špagete

espagueti

riža

arroz

salata

ensalada

pomfrit

patatas fritas

pečeni krompir

patatas salteadas

pica

pizza

hamburger

hamburguesa

sendvič

sándwich

šnicla

escalope

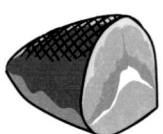

šunka

jamón

kobasica

salame

kobasica

embutido

kokoš

pollo

pečenje

asado

riba

pescado

zobene pahuljice

copos de avena

muzli

musli

kornfleks

copos de maíz tostado

brašno

harina

kroason

croissant

zemičke

panecillo

kruh

pan

tost

tostada

keksi

galletas

maslac

mantequilla

svježi sir

cuajada

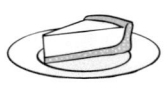

kolač

pastel

jaje

huevo

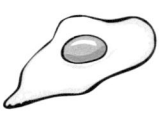

jaje na oko

huevo frito

sir

queso

sladoled

helado

šećer

azúcar

med

miel

marmelada

mermelada

nugat krema

praliné

kuri

curry

seosko imanje
granja

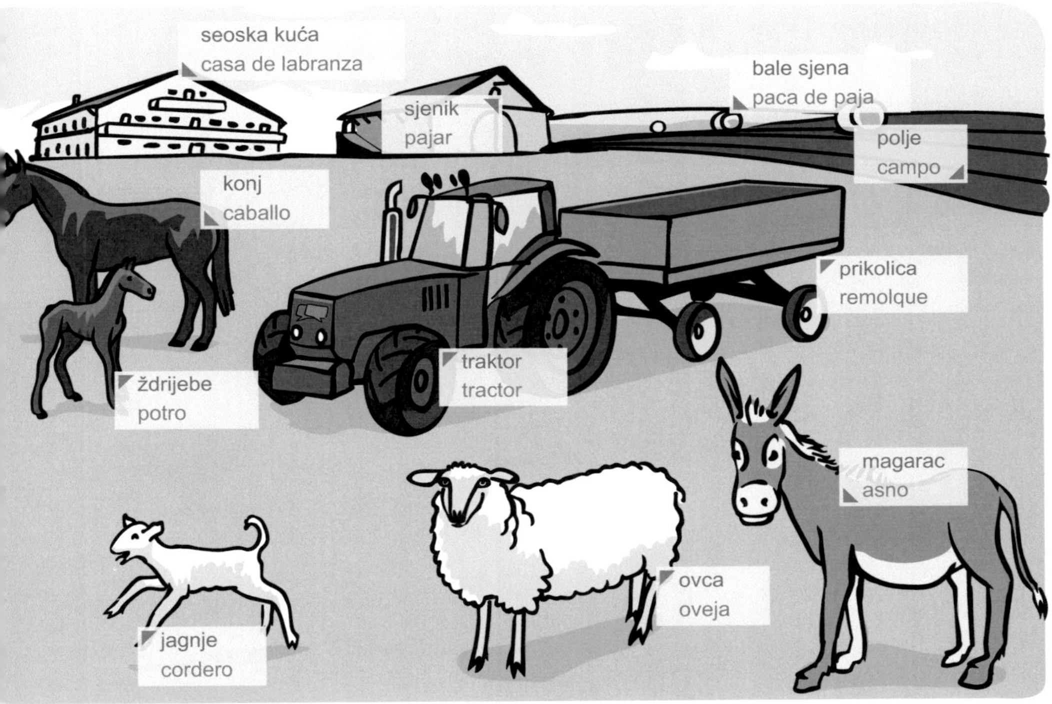
seoska kuća
casa de labranza
sjenik
pajar
bale sjena
paca de paja
polje
campo
konj
caballo
prikolica
remolque
traktor
tractor
ždrijebe
potro
magarac
asno
ovca
oveja
jagnje
cordero

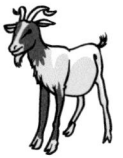

koza
cabra

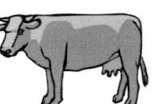

krava
vaca

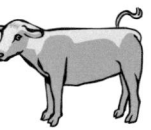

tele
ternero

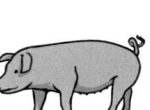

svinja
cerdo

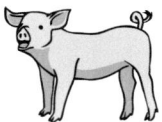

prase
lechón

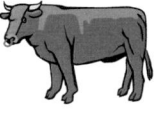

bik
toro

guska
ganso

patka
pato

pile
polluelo

kokoška
pollo

pjetao
gallo

pacov
rata

mačka
gato

miš
ratón

vol
buey

pas
perro

pseća kućica
caseta del perro

crijevo za baštu
manguera de riego

kanta za zalijevanje
regadera

kosa
guadaña

plug
arado

seosko imanje - granja

srp

hoz

motika

azada

vile

bieldo

sjekira

hacha

tačke

carretilla

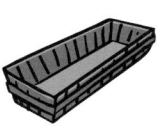

korito

abrevadero

bokal za mlijeko

lechera

vreća

saco

ograda

cerca

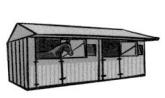

štala

establo

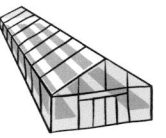

staklenik

invernadero

tlo

suelo

sjeme

semilla

đubrivo

fertilizante

kombajn

cosechadora

seosko imanje - granja

kositi
....
cosechar

žetva
....
cosecha

jam korijen
....
raíz de ñame

pšenica
....
trigo

soja
....
soja

krompir
....
patata

kukuruz
....
maíz

uljana repica
....
colza

drvo voća
....
Árbol frutal

manioka
....
mandioca

žito
....
cereales

kuća
casa

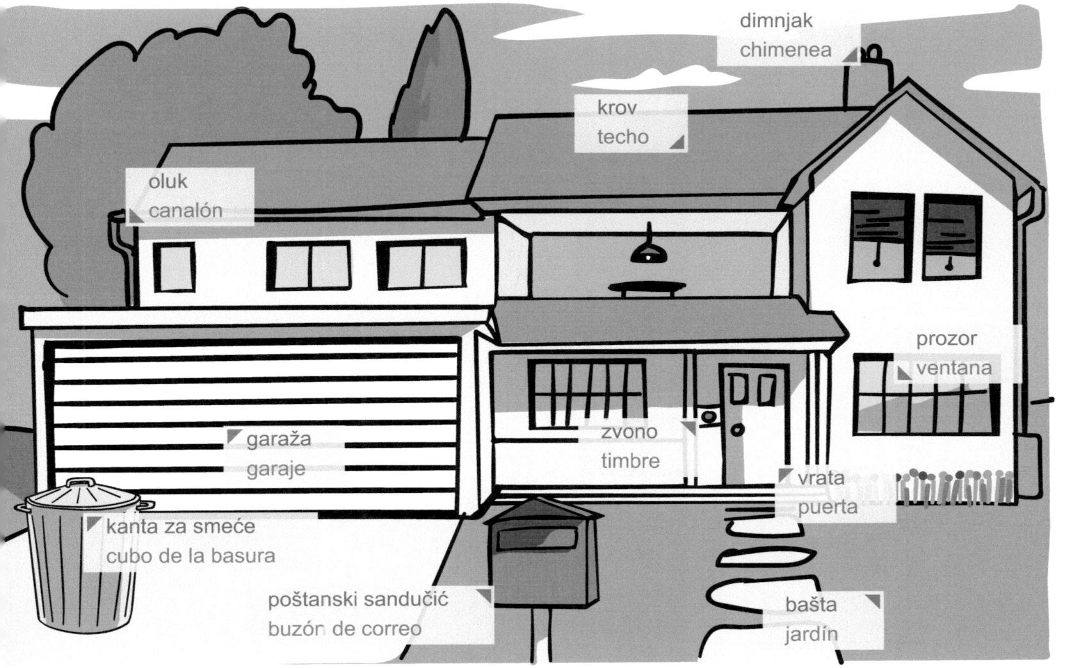
dimnjak
chimenea
krov
techo
oluk
canalón
prozor
ventana
garaža
garaje
zvono
timbre
vrata
puerta
kanta za smeće
cubo de la basura
poštanski sandučić
buzón de correo
bašta
jardín

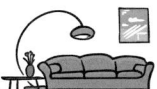

dnevni boravak

cuarto de estar

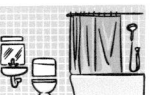

kupatilo

cuarto de baño

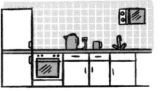

kuhinja

cocina

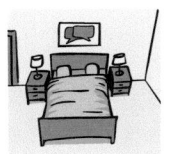

spavaća soba

dormitorio

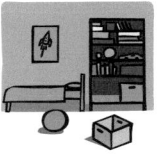

dječija soba

cuarto de los niños

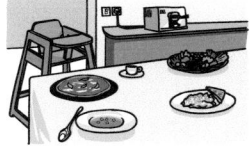

trpezarija

comedor

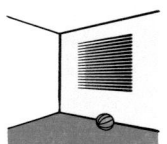

pod, tlo

piso

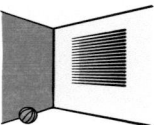

zid

pared

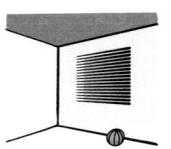

plafon

cielorraso

podrum

sótano

sauna

sauna

balkon

balcón

terasa

terraza

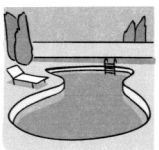

bazen

piscina

kosilica

cortacésped

posteljina

funda nórdica

pokrivač

edredón

krevet

cama

metla

escoba

kanta

cubo

prekidač

interruptor

dnevni boravak
cuarto de estar

tapeta
papel para empapelar
fotografija
imagen
lampa
lámpara
polica
estante
ormar
gabinete
televizija
televisor
dimnjak
hogar
cvijet
flor
jastuk
cojín
kauč
sofá
vaza
florero
daljinski upravljač
control remoto

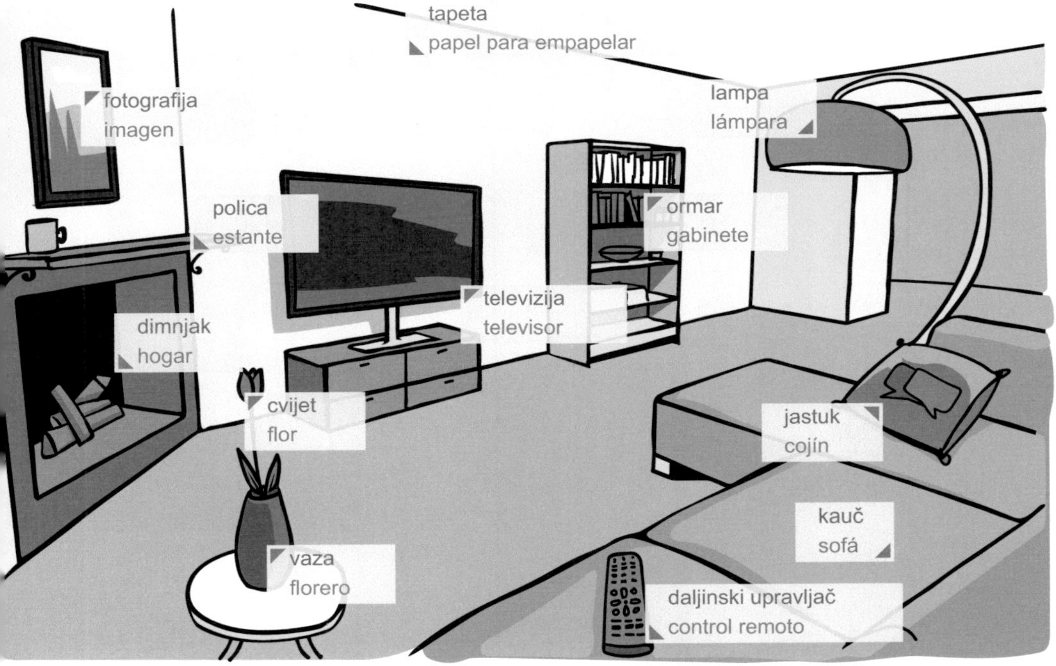

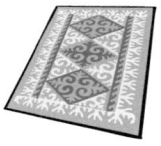

tepih

alfombra

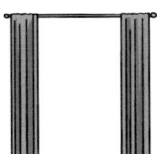

zavjesa

cortina

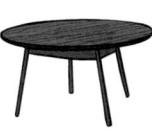

stol

mesa

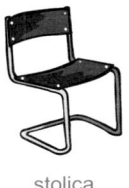

stolica

silla

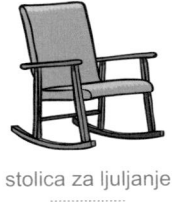

stolica za ljuljanje

mecedora

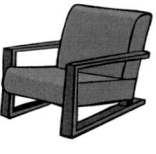

fotelja

sillón

knjiga

libro

deka

frazada

dekoracija

decoración

ložno drvo

leña

film

film

stereo uređaj

equipo estereofónico

ključ

llave

novine

periódico

umjetnička slika

cuadro

poster

póster

radio

radio

blok za bilješke

bloc de notas

usisavač

aspiradora

kaktus

cactus

svijeća

vela

kuhinja
cocina

hladnjak
nevera
mikrovalna pećnica
horno microondas
kuhinjska vaga
balanza de cocina
toster
tostador
sredstvo za čišćenje
detergente
rerna
horno
zamrzivač
congelador
kanta za smeće
cubo de la basura
mašina za suđe, perilica
lavaplatos

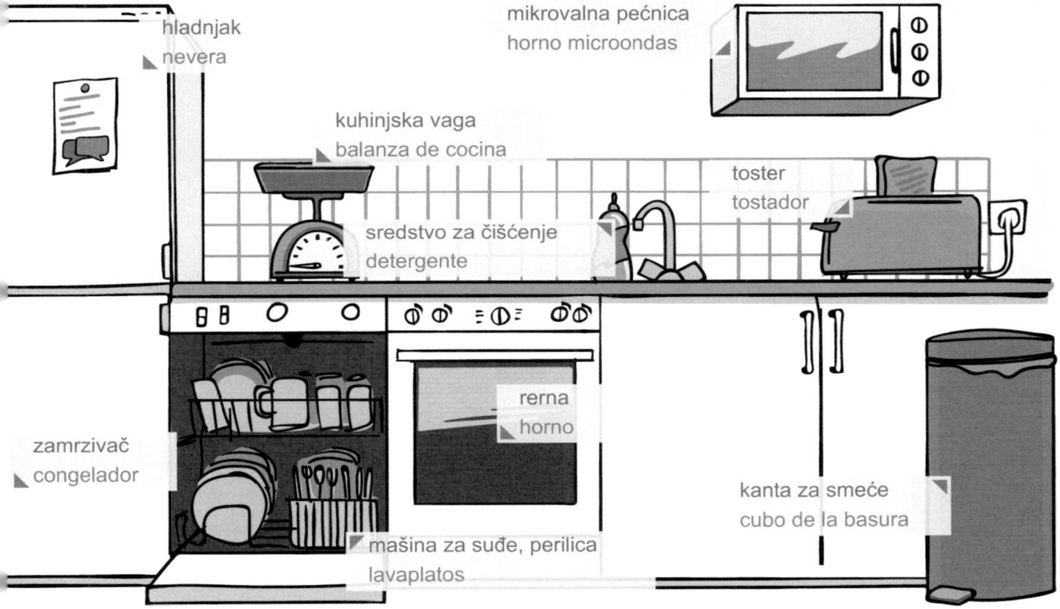

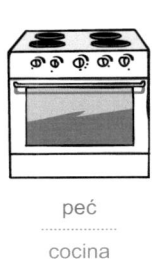

peć

cocina

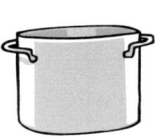

lonac

olla

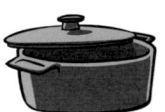

metalni lonac

olla de fundición de hierro

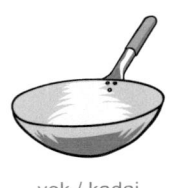

vok / kadai

wok / kadai

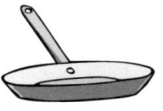

tava, tiganj

sartén

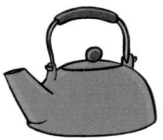

kuhalo

hervidor de agua

aparat za kuhanje na pari

olla de vapor

lim za pečenje

bandeja de horno

posuđe

vajilla

šalica

vaso

činija

bol

kineski štapići

palillos para comer

kutlača

cucharón de sopa

lopatica

espátula

metlica za snijeg bjelanjca

batidor

sito za kuhanje

colador

sito

cedazo

ribež

rallador

avan s tučkom

mortero

roštilj

parrillada

ložište

fogata

daska

tabla de picar

oklagija

rodillo

vadičep

sacacorchos

konzerva

lata

otvarač za konzerve

abrelatas

krpe za lonac

agarrador

sudoper

fregadero

četka

cepillo

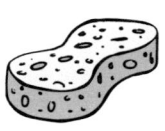

spužva

esponja

mikser

batidora

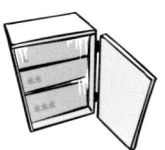

zamrzivač

arcón congelador

flašica za bebu

biberón

slavina

grifo

kupatilo
cuarto de baño

grijanje
calefacción
peškir
toalla
tuš
ducha
zavjesa za tuš
cortina para ducha
pjenušava kupka
baño de espuma
kada
bañera
čaša
vaso
mašina za veš
lavadora
slavina
grifo
pločice
baldosa
dječja kahlica
orinal
sudoper
fregadero

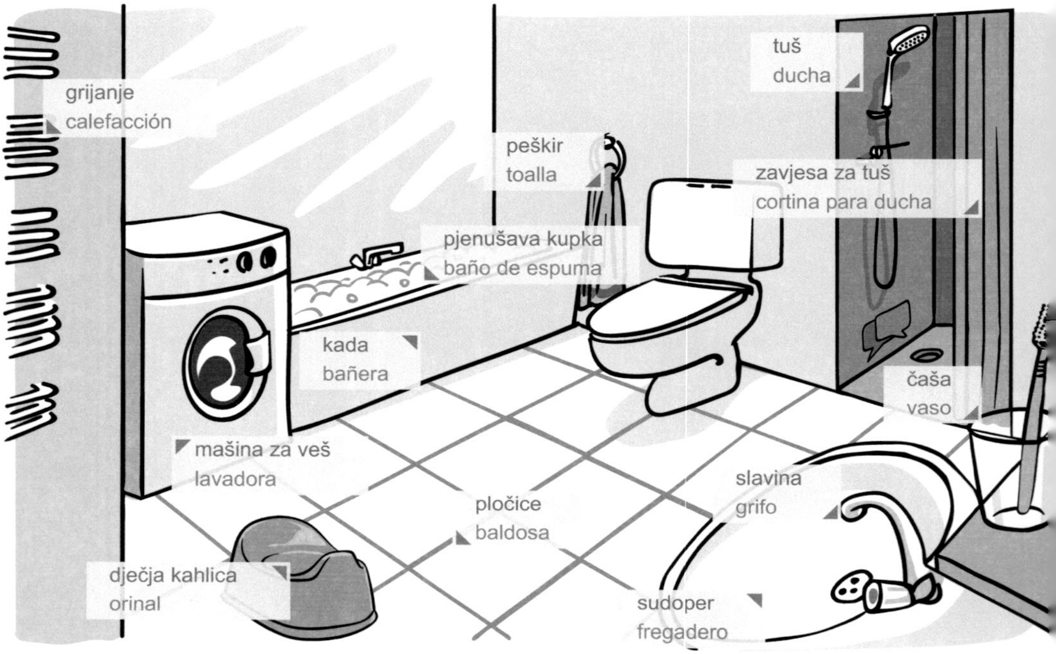

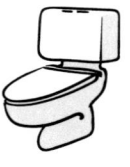

toalet

cuarto de baño

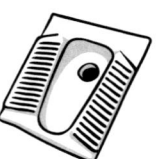

čučavac

placa turca

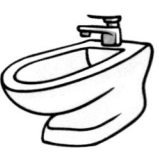

bide

bidé

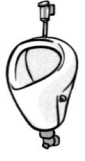

pisoar

urinario

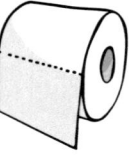

toalet papir

papel higiénico

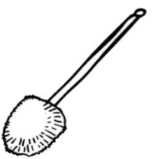

četka za wc

escobilla para el cuarto de baño

četkica za zube

cepillo de dientes

pasta za zube

pasta dentífrica

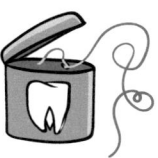

zubni konac

seda dental

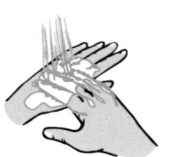

prati

lavar

tuš

ducha teléfono

intimni tuš

ducha higiénica

lavor

cuenco

četka za leđa

cepillo para la espalda

sapun

jabón

gel za tuširanje

gel de ducha

šampon

champú

krpe za pranje

manopla para baño

odvod

desagüe

krema

crema

dezodorans

desodorante

ogledalo

espejo

ogledalo za šminkanje

espejo de maquillaje

brijač

máquina de afeitar

pjena za brijanje

espuma de afeitar

vodica poslije brijanja

loción para después del afeitado

češalj

peine

četka

cepillo

fen

secador para cabello

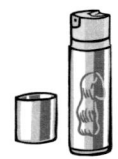

sprej za kosu

laca de peinado

puder

maquillaje

karmin

lápiz labial

lak za nokte

laca para uñas

vata

algodón

makazice za nokte

tijera para uñas

parfem

perfume

kozmetička torbica

neceser

hoklica

taburete

vaga

balanza

kupaći ogrtač

bata de baño

rukavice za čišćenje

guantes de goma

tampon

tampón

uložak za dame

compresa

hemijski toalet

wáter químico

dječija soba
cuarto de los niños

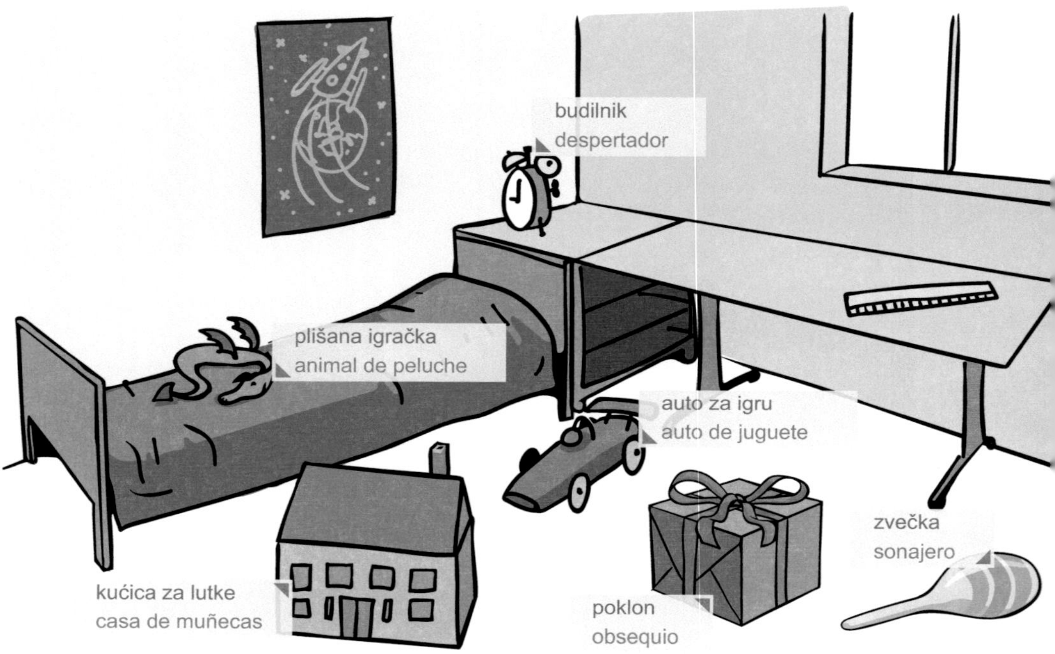
budilnik
despertador
plišana igračka
animal de peluche
auto za igru
auto de juguete
zvečka
sonajero
kućica za lutke
casa de muñecas
poklon
obsequio

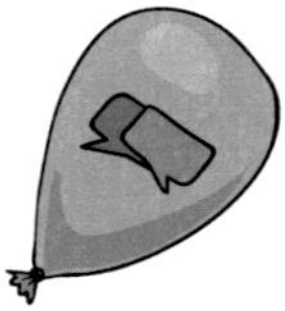

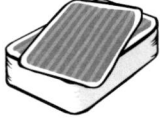

balon

globo

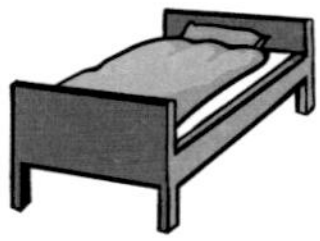

krevet

cama

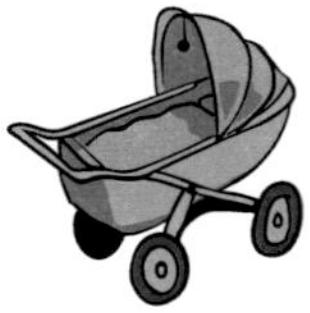

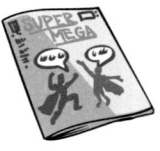

kolica za djecu

cochecito para niños

karte za igranje

juego de barajas

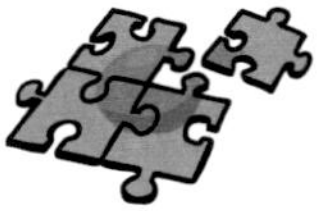

puzle

rompecabezas

strip

cómic

lego kockice

piezas de Lego

kockice za gradnju

bloques para jugar

akcione figure

figura de acción

benkica

pijama de una pieza

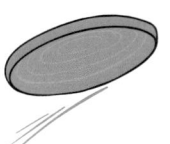

frizbi

frisbee

mobile

móvil

igra na ploči

juego de mesa

kocka

dado

miniatura željeznice

tren eléctrico a escala

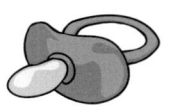

cucla

chupete

zabava

fiesta

slikovnica

libro de dibujos

lopta

pelota

lutka

títere

igrati

jugar

pješćanik

arenero

ljuljačka

columpio

igračke

juguetes

konzola za igru

consola de videojuego

triciklo

triciclo

medvjedić

osito de peluche

ormar

guardarropa

odjeća

vestimenta

kratke čarape

calcetines

čarape

medias

hulahopke

panti

šal
chal

kišobran
paraguas

majica kratkih rukava
camiseta

kaiš
cinturón

čizme
botas

papuče
zapatilla

patike
deportivas

sandale
sandalias

cipele
zapatos

gumene čizme
botas de goma

gaće
ropa interior

grudnjak
corpiño

potkošulja
camiseta

odjeća - vestimenta

45

bodi

body

hlače

pantalón

farmerke

jeans

suknja

falda

bluza

blusa

košulja

camisa

džemper

pullover

majica

sweater

sako

blazer

jakna

chaqueta

mantil

abrigo

kišni mantil

impermeable

kostim

traje chaqueta

haljina

vestido

vjenčanica

vestido de bodas

odijelo

traje

spavaćica

camisón

pidžama

pijama

sari

sari

marama

pañuelo de cabeza

turban

turbante

burka

burka

kaftan

caftán

abaja

abaya

kupaći kostim

traje de baño

kupaće gaće

bañador

kratke hlače

shorts

trenerka

chándal

pregača

delantal

rukavice

guante

dugme

botón

naočare

gafa

narukvica

brazalete

ogrlica

cadena

prsten

anillo

naušnica

aro

kapa

gorra

vješalica

percha

šešir

sombrero

kravata

corbata

patentni zatvarač

cierre a cremallera

kaciga

casco

tregeri za hlače

tiradores

školska uniforma

uniforme escolar

uniforma

uniforme

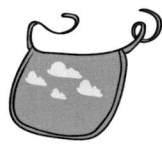

podbradak

babero

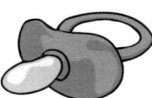

cucla

chupete

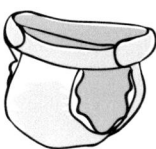

pelene

pañal

ured

oficina

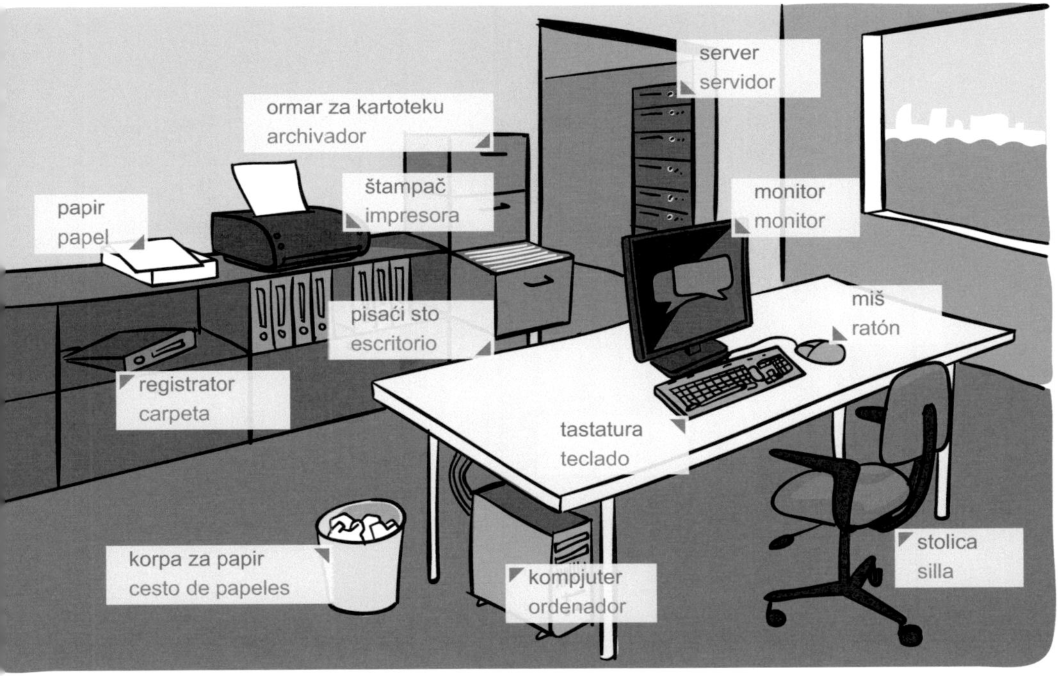
server
servidor
ormar za kartoteku
archivador
štampač
impresora
papir
papel
monitor
monitor
miš
ratón
pisaći sto
escritorio
registrator
carpeta
tastatura
teclado
stolica
silla
korpa za papir
cesto de papeles
kompjuter
ordenador

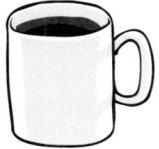

šolja za kafu

taza de café

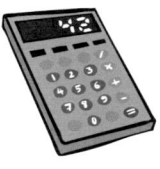

kalkulator

calculadora

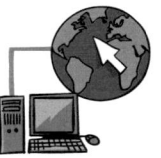

internet

internet

laptop

laptop

pismo

carta

poruka

mensaje

mobilni telefon

teléfono móvil

mreža

red

aparat za kopiranje

fotocopiadora

softver

software

telefon

teléfono

utičnica

tomacorriente

faks

máquina de fax

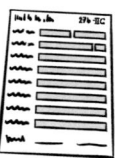

formular

formulario

dokument

documento

kupovati

comprar

platiti

pagar

trgovati

comerciar

novac

dinero

 **USD**
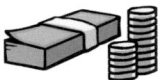

dolar

dólar

 **EUR**

euro

euro

 **JPY**

jen

yen

 **RUB**

rublja

rublo

 **CHF**

franak

franco

 **CNY**

renminbi jen

renminbi

 **INR**

rupi

rupia

bankomat

cajero automático

mjenjačnica

casa de cambio

zlato

oro

srebro

plata

nafta

petróleo

energija

energía

cijena

precio

ugovor

contrato

porez

impuesto

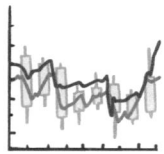

akcija

acción

raditi

trabajar

službenik

empleado

poslodavac

empleador

fabrika

fábrica

radnja

negocio

zanimanja
ocupaciones

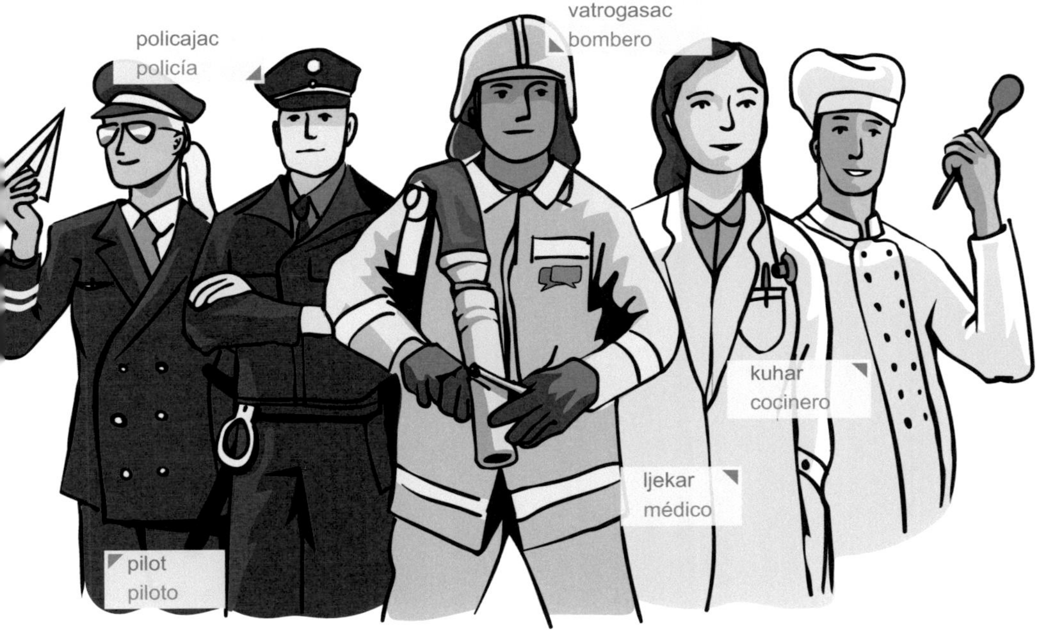
policajac
policía
vatrogasac
bombero
kuhar
cocinero
ljekar
médico
pilot
piloto

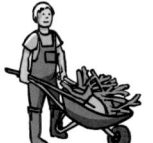

baštovan

jardinero

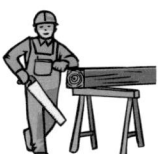

stolar

carpintero

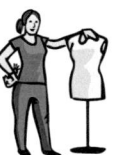

krojačica

costurera

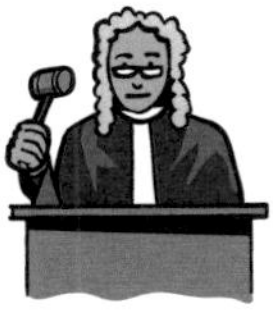

sudija

juez

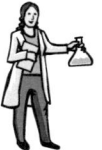

hemičar

químico

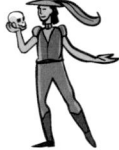

glumac

actor

vozač autobusa

conductor de autobús

vozač taksija

taxista

ribar

pescador

čistačica

mujer de la limpieza

krovopokrivač

techista

konobar

camarero

lovac

cazador

moler

pintor

pekar

panadero

električar

electricista

građevinski radnik

albañil

inženjer

ingeniero

koljač

carnicero

limar, vodoinstalater

fontanero

poštar

cartero

vojnik

soldado

arhitekta

arquitecto

blagajnik

cajero

cvjećar

florista

frizer

peluquero

kontrolor

cobrador

mehaničar

mecánico

kapiten

capitán

zubar

odontólogo

naučnik

científico

rabin

rabino

imam

imam

monah

monje

sveštenik

párroco

alat
herramientas

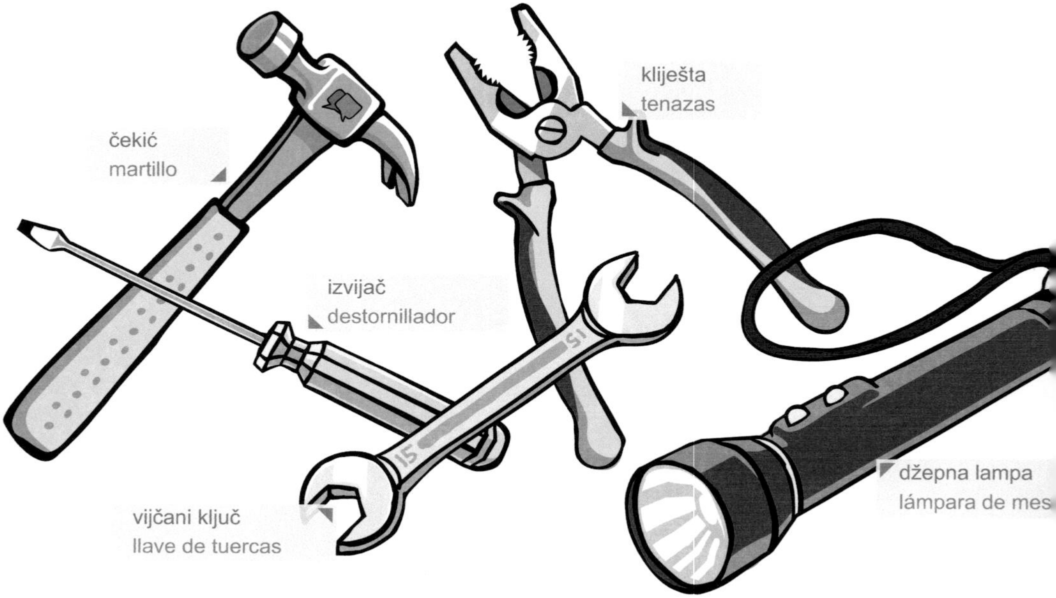
čekić
martillo
kliješta
tenazas
izvijač
destornillador
vijčani ključ
llave de tuercas
džepna lampa
lámpara de mes

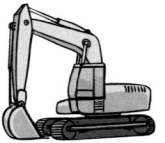

bager

excavadora

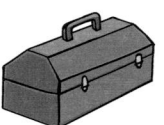

kutija sa alatom

caja de herramientas

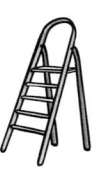

ljestve

escalerilla

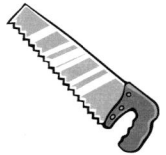

testera, pila

serrucho

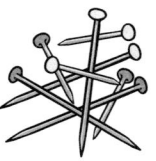

ekser

clavos

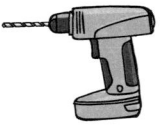

bušilica

taladro

popraviti

reparar

lopata

pala

sranje!

¡Maldición!

lopatica

recogedor

kanta boje

lata de pintura

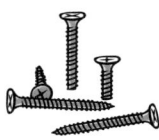

vijak

tornillos

muzički instrumenti
instrumentos musicales

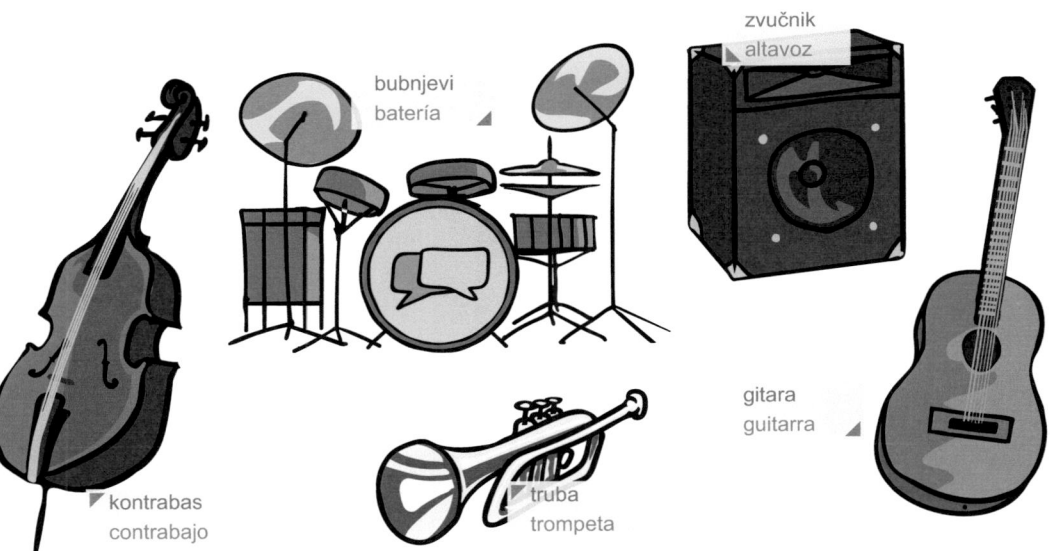

zvučnik
altavoz

bubnjevi
batería

kontrabas
contrabajo

truba
trompeta

gitara
guitarra

klavir

piano

violina

violín

bas

bajo

bubanj timpani

timbales

bubanj

tambor

sintisajzer

teclado

saksofon

saxofón

flauta

flauta

mikrofon

micrófono

zološki vrt
zoológico

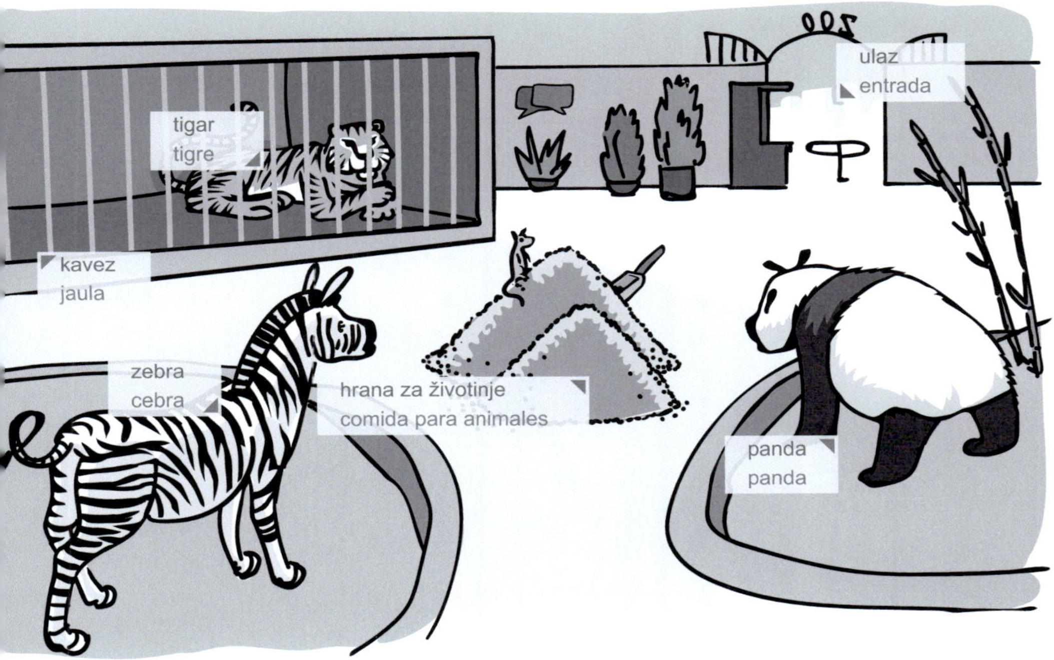

tigar
tigre
ulaz
entrada
kavez
jaula
zebra
cebra
hrana za životinje
comida para animales
panda
panda

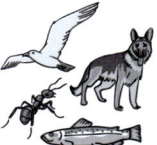

životinje

animales

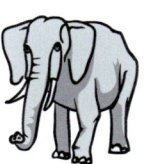

slon

elefante

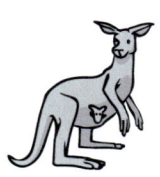

kengur

canguro

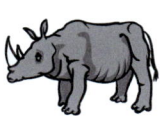

nosorog

rinoceronte

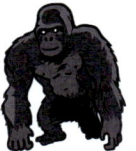

gorila

gorila

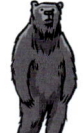

medvjed

oso

kamila

camello

noj

avestruz

lav

león

majmun

mono

flamingo

flamengo

papagaj

papagayo

polarni medvjed

oso polar

pingvin

pingüino

morski pas

tiburón

paun

pavo real

zmija

serpiente

krokodil

cocodrilo

čuvar u zoološkom vrtu

cuidador del zoológico

tuljan

foca

jaguar

jaguar

poni
pony

leopard
leopardo

nilski konj
hipopótamo

žirafa
jirafa

orao
águila

divlja svinja
jabalí

riba
pescado

kornjača
tortuga

morž
morsa

lisica
zorro

gazela
gacela

američki fudbal
fútbol americano

vožnja bicikla
ciclismo

tenis
tenis

košarka
baloncesto

plivanje
natación

boks
boxeo

hokej na ledu
hockey sobre hielo

fudbal
fútbol

bedminton
badminton

laka atletika
atletismo

rukomet
balonmano

skijanje
esquí

polo
polo

smijati se
reír

skakati
saltar

zagrliti
abrazar

ići
caminar

pjevati
cantar

sanjati
soñar

moliti
rezar

ljubiti
besar

pisati
escribir

crtati
dibujar

pokazati
mostrar

gurati
presionar

dati
dar

uzeti
tomar

imati

tener

raditi

hacer

biti

ser

stajati

estar de pie

trčati

correr

vući

tirar

baciti

arrojar

pasti

caer

ležati

estar acostado

čekati

esperar

nositi

llevar

sjediti

estar sentado

obući

vestirse

spavati

dormir

probuditi

despertar

pogledati

mirar

plakati

llorar

milovati

acariciar

češljati

peinarse

govoriti

conversar

razumjeti

entender

pitati

preguntar

slušati

oír

piti

beber

jesti

comer

pospremiti

asear

voljeti

amar

kuhati

cocinar

voziti

conducir

letjeti

volar

aktivnosti - actividades

jedriti

navegar

računati

calcular

čitati

leer

učiti

aprender

raditi

trabajar

vjenčavti

casarse

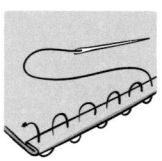

šiti

coser

prati zube

limpiarse los dientes

ubiti

matar

pušiti

fumar

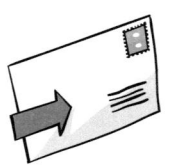

slati

enviar

porodica
familia

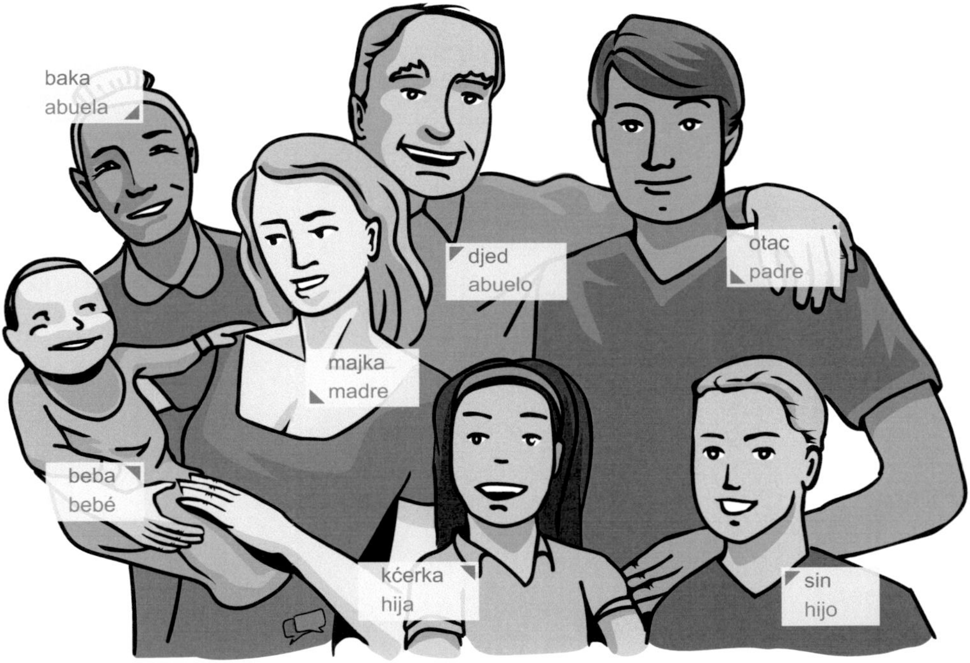
baka
abuela
djed
abuelo
otac
padre
majka
madre
beba
bebé
kćerka
hija
sin
hijo

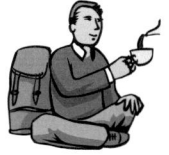

gost

invitado

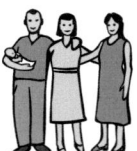

ujna, tetka, strina

tía

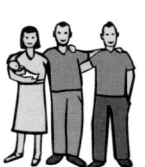

ujak, tetak, stric

tío

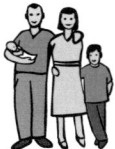

brat

hermano

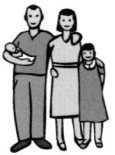

sestra

hermana

tijelo

cuerpo

čelo
frente
oko
ojo
lice
cara
brada
barbilla
prst
dedo
ruka, šaka
mano
grudi
pecho
ruka
brazo
leđa
hombro
noga
pierna

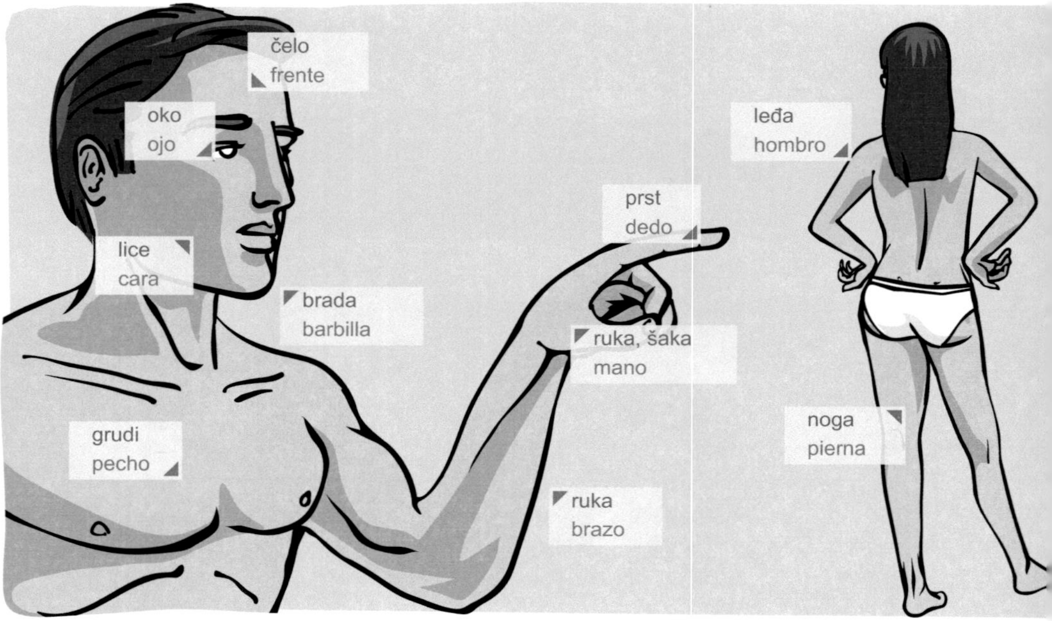

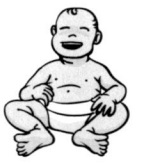

beba

bebé

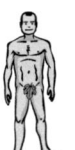

muškarac

hombre

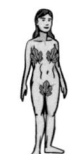

žena

mujer

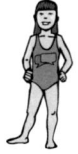

djevojčica

muchacha

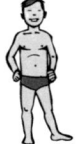

dječak

joven

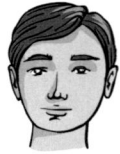

glava

cabeza

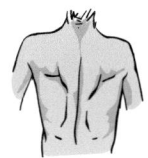

leđa

espalda

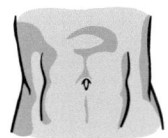

stomak

vientre

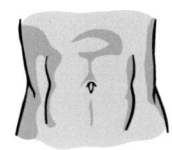

pupak

ombligo

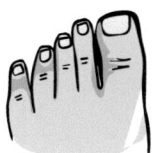

nožni prst

dedo del pie

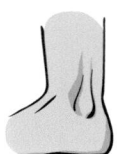

peta

talón

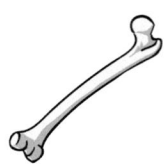

kosti

hueso

kuk

cadera

koljeno

rodilla

lakat

codo

nos

nariz

stražnjica

trasero

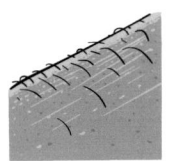

koža

piel

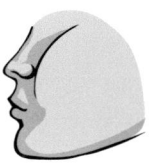

obraz

mejilla

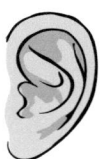

uho

oreja

usna

labio

usta

boca

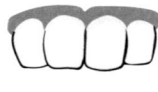

zub

diente

jezik

lengua

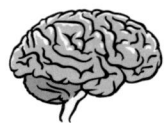

mozak

cerebro

srce

corazón

mišić

músculo

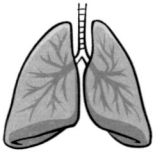

pluća

pulmón

jetra

hígado

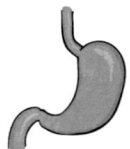

želudac

estómago

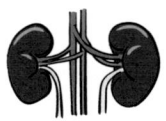

bubreg

riñones

spolni odnos

relación sexual

kondom

condón

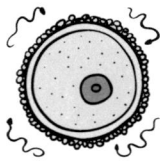

jajna ćelija

Óvulo

sperma

esperma

trudnoća

embarazo

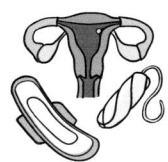

menstruacija

menstruación

vagina

vagina

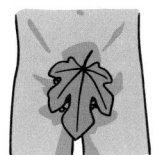

penis

pene

obrva

ceja

kosa

cabello

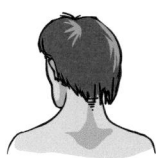

vrat

cuello

bolnica
hospital

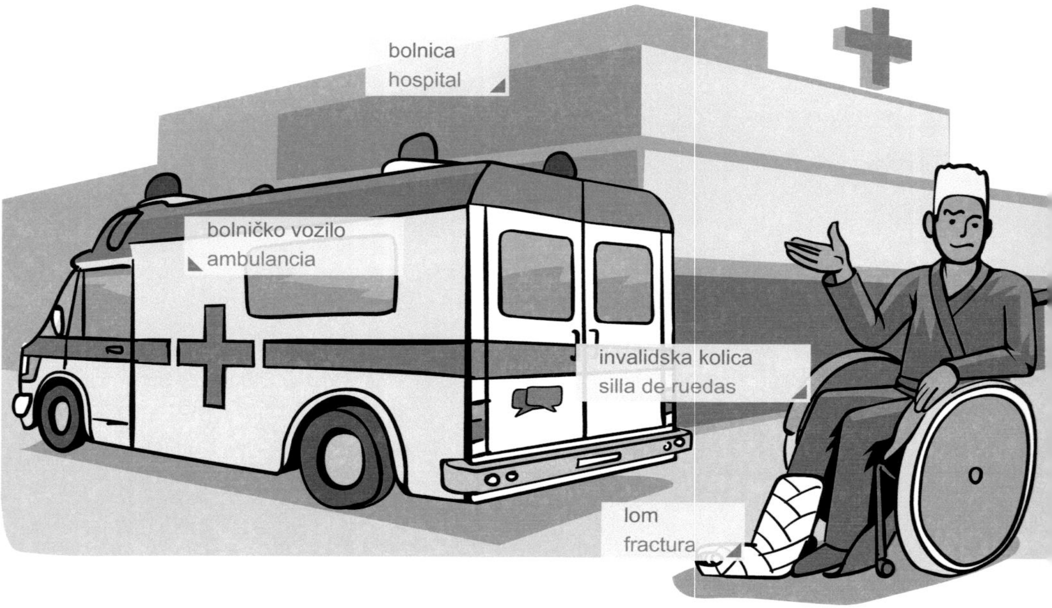

bolnica
hospital
bolničko vozilo
ambulancia
invalidska kolica
silla de ruedas
lom
fractura

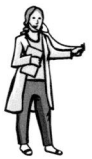

ljekar

médico

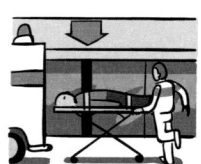

hitna služba

admisión de urgencia

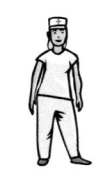

medicinska sestra

enfermera

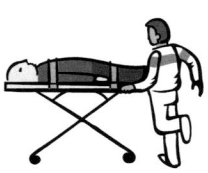

hitna pomoć

emergencia

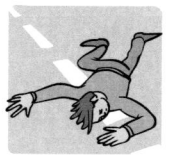

nesvjest

inconsciente

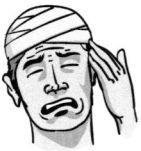

bol

dolor

povreda

lesión

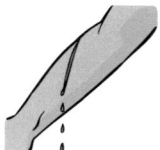

krvarenje

hemorragia

srčani udar, infarkt

infarto de miocardio

moždani udar

apoplejía cerebral

alergija

alergia

kašalj

tos

groznica

fiebre

gripa

gripe

proljev

diarrea

glavobolja

dolor de cabeza

rak

cáncer

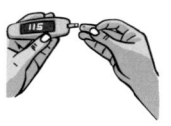

dijabetes

diabetes

hirurg

cirujano

skalpel

escalpelo

operacija

operación

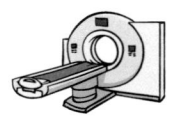

CT

TC

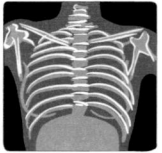

rendgen

rayos X

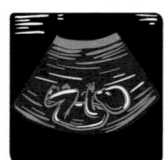

ultrazvuk

ultrasonido

maska

máscara

bolest

enfermedad

čekaonica

sala de espera

štake

muleta

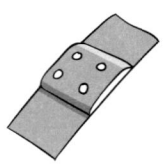

flaster

emplasto

zavoj

vendaje

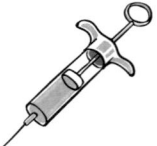

injekcija

inyección

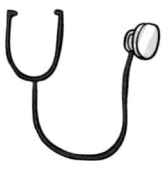

stetoskop

estetoscopio

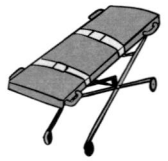

nosilo

camilla

termometar

termómetro

porod

nacimiento

prekomjerna težina, debljina

sobrepeso

slušni aparat

audífono

sredstvo za dezinfekciju

desinfectante

infekcija

infección

virus

virus

HIV/ AIDS

VIH / SIDA

medicina

medicina

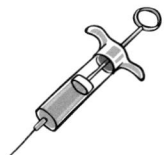

vakcinacija

vacunación

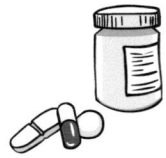

tablete

comprimido

pilula

píldora anticonceptiva

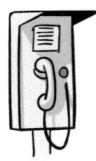

hitni poziv

llamada de emergencia

aparat za mjerenje pritiska

medidor de presión arterial

bolestan / zdrav

enfermo / saludable

bolnica - hospital

Upomoć!

¡Ayuda!

alarm

alarma

napad, prepad

asalto

napad

ataque

opasnost

peligro

izlaz u slučaju opasnosti

salida de emergencia

Požar!

¡Fuego!

vatrogasni aparat

extintor

nezgoda

accidente

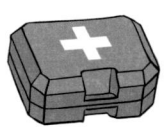

torba prve pomoći

kit de primeros auxilios

SOS

SOS

policija

Policía

Europa

Europa

Sjeverna Amerika

América del Norte

Južna Amerika

América del Sur

Afrika

África

Azija

Asia

Australija

Australia

Atlantik

Atlántico

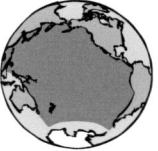

Pacifik

Pacífico

Indijski okean

Océano Índico

Antarktički okean

Océano Antártico

Arktički okean

Océano Ártico

Sjeverni pol

Polo Norte

Južni pol
Polo Sur

Antarktik
Antártida

Zemlja
Tierra

zemlja
país

more
mar

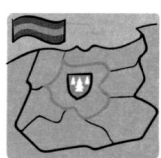

ostrvo
isla

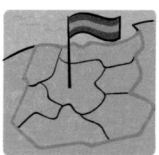

nacija
nación

država
Estado

brojčanik sata

cuadrante

kazaljka sata

horario

kazaljka minute

minutero

kazaljka sekunde

segundero

Koliko je sati?

¿Qué hora es?

dan

día

vrijeme

tiempo

sada

ahora

digitalni sat

reloj digital

minuta

minuto

sat

hora

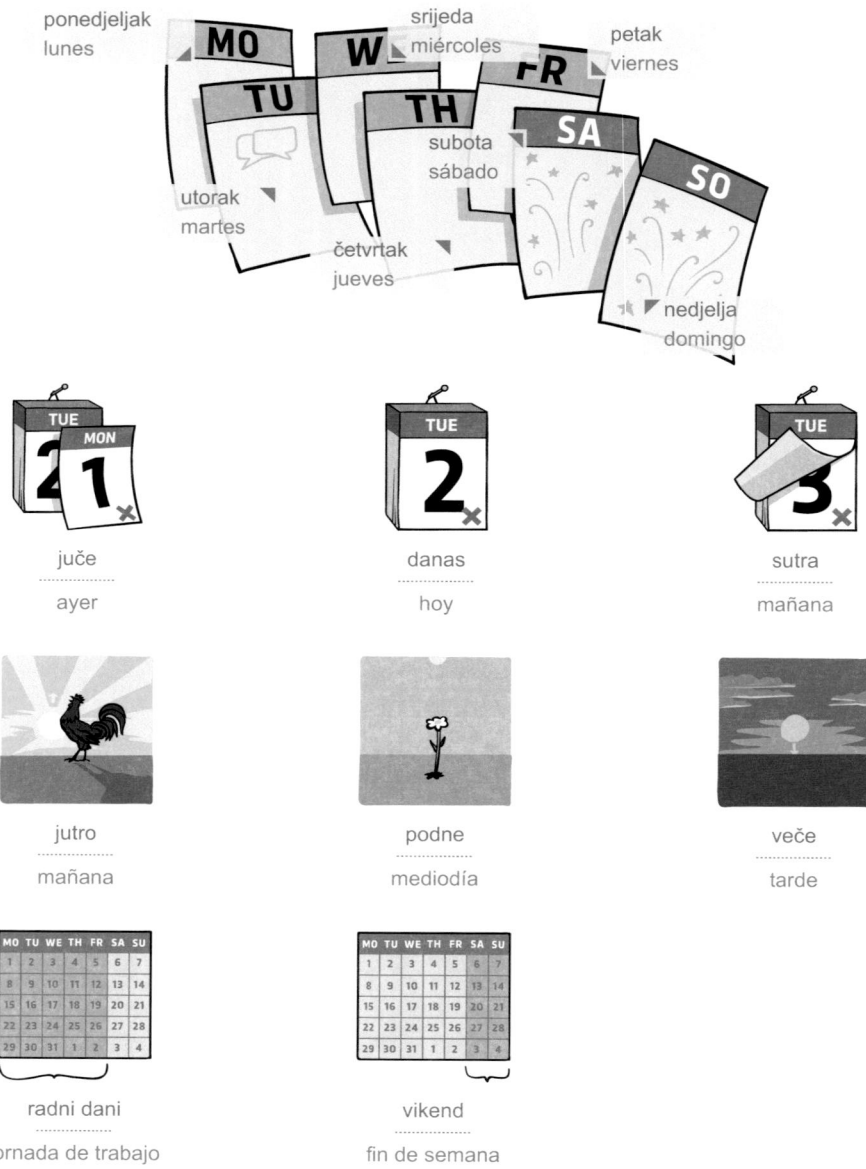

ponedjeljak
lunes

srijeda
miércoles

petak
viernes

utorak
martes

četvrtak
jueves

subota
sábado

nedjelja
domingo

juče
ayer

danas
hoy

sutra
mañana

jutro
mañana

podne
mediodía

veče
tarde

radni dani
jornada de trabajo

vikend
fin de semana

kiša
lluvia

duga
arco iris

vjetar
viento

snijeg
nieve

proljeće
primavera

jesen
otoño

ljeto
verano

zima
invierno

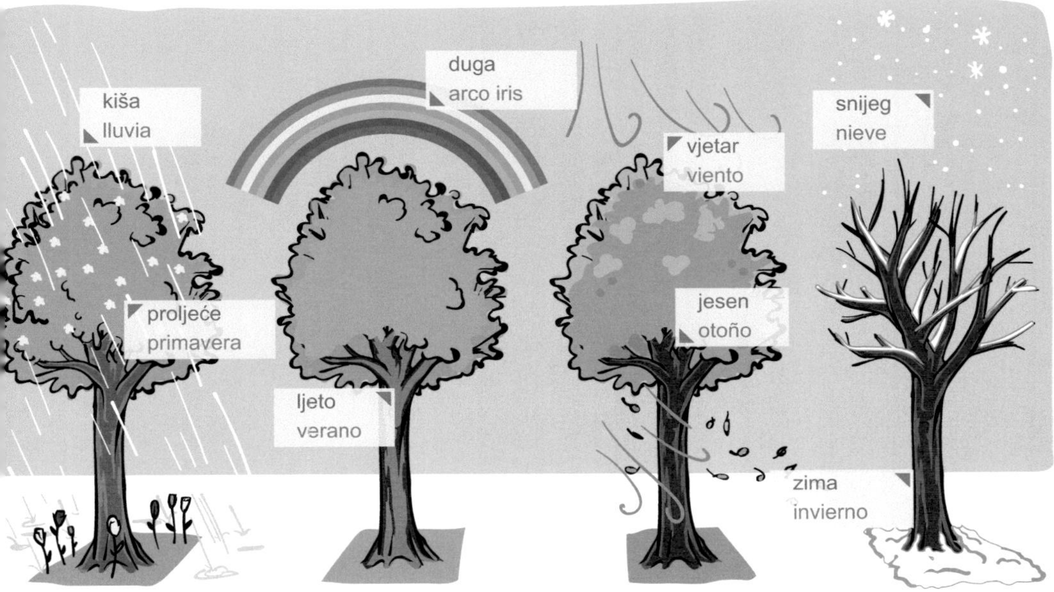

prognoza vremena

pronóstico meteorológico

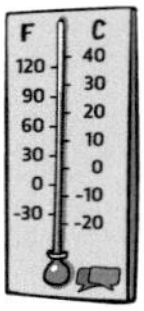

termometar

termómetro

sunčev sjaj

luz solar

oblak

nube

magla

niebla

vlažnost vazduha

humedad ambiente

munja

relámpago

grom

trueno

oluja

tormenta

tuča, led

granizo

monsun

monzón

poplava

inundación

led

hielo

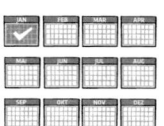

januar

enero

februar

febrero

mart

marzo

april

abril

maj

mayo

juni

junio

juli

julio

avgust

agosto

septembar

septiembre

oktobar

octubre

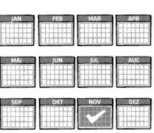

novembar

noviembre

decembar

diciembre

krug

círculo

kvadrat

cuadrado

pravougao

rectángulo

trougao

triángulo

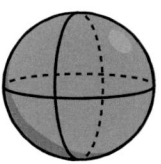

kugla

esfera

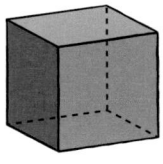

kocka

cubo

bjel

blanco

žut

amarillo

narandžast

anaranjado

pink

rosa

crven

rojo

ljubičast

lila

plav

azul

zelen

verde

smeđ

marrón

siv

gris

crn

negro

malo / mnogo

mucho / poco

ljutit / miran

enojado / calmado

lijep / ružan

bonito / feo

početak / kraj

comienzo / fin

veliki / mali

grande / pequeño

svijetlo / tamno

claro / oscuro

brat / sestra

hermano / hermana

čist / prljav

limpio / sucio

potpun / nepotpun

completo / incompleto

dan / noć

día / noche

mrtav / živ

muerto / vivo

široko / usko

ancho / angosto

ukusno / neukusno

disfrutable / no disfrutable

zao / prijatan

malo / amigable

uzbuđen / dosadan

excitado / aburrido

debeo / mršav

gordo / delgado

najprije / najkasnije

primero / último

prijatelj / neprijatelj

amigo / enemigo

pun / prazan

lleno / vacío

trvd / mekan

duro / suave

težak / lagan

pesado / liviano

glad / žeđ

hambre / sed

bolestan / zdrav

enfermo / saludable

ilegalan / legalan

ilegal / legal

inteligentan / glup

inteligente / tonto

lijevo / desno

izquierda / derecha

blizu / daleko

cercano / lejano

nov / polovan

nuevo / usado

ništa / nešto

nada / algo

star / mlad

viejo / joven

uključeno / isključeno

encendido / apagado

otvoreno / zatvoreno

abierto / cerrado

tiho / glasno

bajo / fuerte

bogat / siromašan

rico / pobre

tačno / pogrešno

correcto / incorrecto

hrapav / glatak

áspero / liso

tužan / srećan

triste / alegre

kratak / dug

breve / extenso

spor / brz

lento / veloz

mokro / suho

mojado / seco

toplo / hladno

caliente / frío

rat / mir

guerra / paz

0

nula

cero

1

jedan

uno

2

dva

dos

3

tri

tres

4

četiri

cuatro

5

pet

cinco

6

šest

seis

7

sedam

siete

8

osam

ocho

9

devet

nueve

10

deset

diez

11

jedanaest

once

12	**13**	**14**
dvanaest	trinaest	četrnaest
doce	trece	catorce

15	**16**	**17**
petnaest	šesnaest	sedamnaest
quince	dieciséis	diecisiete

18	**19**	**20**
osamnaest	devetnaest	dvadeset
dieciocho	diecinueve	veinte

100	**1.000**	**1.000.000**
sto	hiljada	milion
cien	mil	millón

engleski

inglés

američki engleski

inglés estadounidense

kinesko mandarinski

chino mandarín

hindi

hindi

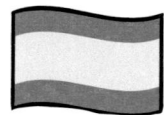

španski

español

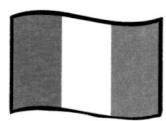

francuski

francés

arapski

árabe

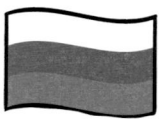

ruski

ruso

portugalski

portugués

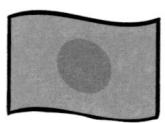

bengalski

bengalí

njemački

alemán

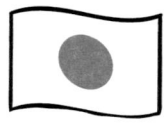

japanski

japonés

ja
....
yo

ti
....
tú

on / ona / ono
....
él / ella

mi
....
nosotros

vi
....
vosotros

oni
....
ellos

ko?
....
¿quién?

šta?
....
¿qué?

kako?
....
¿cómo?

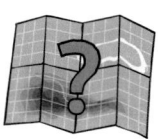

gdje?
....
¿dónde?

kada?
....
¿cuándo?

ime
....
nombre

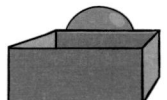

iza

detrás

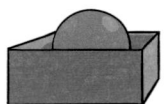

u

en

pred

delante de

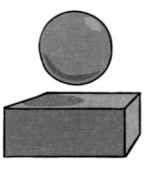

iznad

encima de

na

sobre

ispod

debajo de

pored

junto a

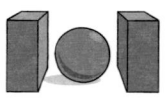

između

entre

mjesto

lugar